LA SORPRESA DE TÍA LIL

por Kathryn Riley
ilustrado por
Christine Benjamin

Scott Foresman

Oficinas editoriales: Glenview, Illinois • New York, New York
Ventas: Reading, Massachusetts • Duluth, Georgia
Glenview, Illinois • Carrollton, Texas • Menlo Park, California

—Tengo que salir —dijo mamá—. Tía Lil va a cocinar esta noche. No se olviden de fregar los platos y limpiar la cocina.

Vilma miró a Marco. Marco miró a Vilma.

—Ay, no —suspiró Vilma—. Tía Lil siempre prepara fideos con atún. Tienen sabor a lápiz y a pegamento.

—Ella no sabe cocinar —suspiró Marco—. ¿Qué vamos a hacer?

—Podemos esconder el libro de recetas —dijo Vilma.

—No —suspiró Marco—. Tía Lil no lo usa.

—Podemos esconder el atún —dijo Vilma.

—No —suspiró Marco—. Tía Lil siempre trae el suyo.

—Podemos esconder la cacerola —dijo Vilma.

—No —suspiró Marco—. Ella pueda usar otra.

Ambos suspiraron. ¡No sabían qué hacer!

—Tía Lil va a llegar pronto —dijo Marco.

—Podemos esconder el abrelatas —dijo Vilma.

En eso se asomó tía Lil
por la puerta de la cocina.
—¡Hola! ¿Qué hacen?
—preguntó.

—Ehhh —dijo Marco—.
Sacamos esto porque…

—Porque sabemos que vas a preparar la cena —dijo Vilma.

—Bueno, los iba a invitar a comer pizza —dijo tía Lil.

—Pero parece que quieren quedarse en casa. Entonces voy a preparar algo muy especial para ustedes.

—Bueno, ¿listos para cocinar? Siempre llevo conmigo una lata de atún —dijo tía Lil.